Lb⁵⁵ 1108

# ILLUSIONS BONAPARTISTES.

PAR ULYSSE PIC,

Ancien rédacteur en chef de L'UNION LIBÉRALE.

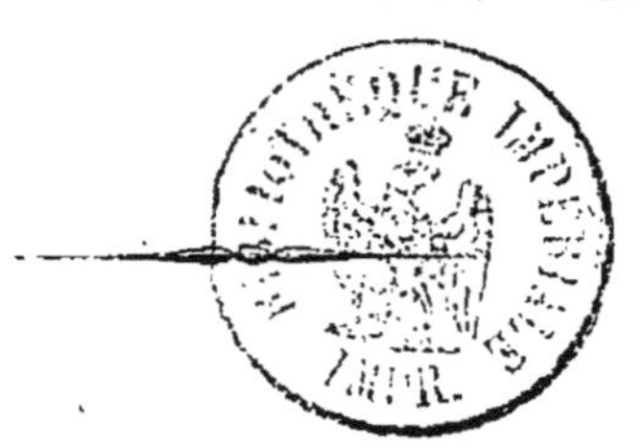

## PARIS.

A LA LIBRAIRIE DE LÉVY,

PLACE DE LA BOURSE, 15.

1849.

# ILLUSIONS BONAPARTISTES,

PAR

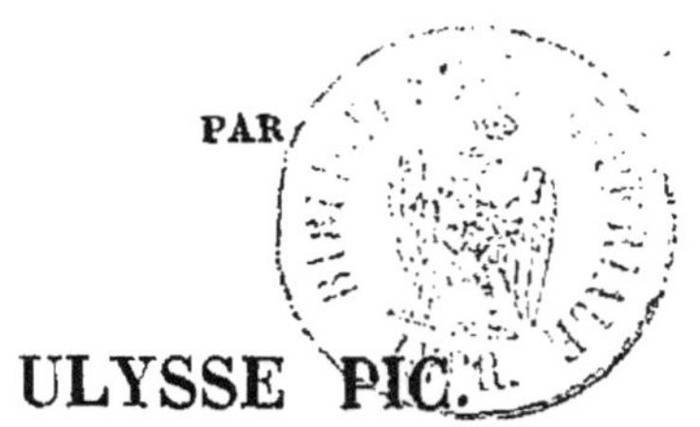

ULYSSE PIC.

# AVERTISSEMENT.

Il y a dans cet écrit une *personnalité* qu'on pourrait trouver de mauvais goût si je n'avertissais qu'il
n'avait pas été fait pour la publicité, et qu'il était
seulement destiné à circuler entre les mains de quelques amis. Aujourd'hui, on vient de me faire observer que les bruits de coup d'état, dont s'alarme
l'opinion, lui donnaient un caractère d'actualité qui
le ferait lire, peut-être, avec quelque intérêt. Un coup
d'état au profit d'une restauration impériale ne pourrait être suggéré que par une extrême confiance dans
la faveur publique. On compterait assurément sur les
sympathies des masses, sur la ratification de la majorité du pays. Si Louis Bonaparte, comme on l'assure,
et comme je ne le crois en aucune façon — ceci soit
dit pour être en règle avec le parquet — songe à quelque chose comme un dix-huit brumaire, c'est qu'on a
réussi à lui persuader que le pays est disposé à favo-
riser cet attentat et à baiser la main qui poignardera
la République. Il y a des hommes, je le sais, qui s'ef-
forcent de lui souffler ces funestes inspirations ; qui
couvent pour lui, malgré lui, ces sinistres desseins.

Ce sont les mêmes qui, dès le premier jour, se sont interposés entre lui et le peuple, ont troublé sa raison par la masturbation de la flatterie, égaré les tendances véritables de son esprit et la générosité naturelle de son cœur. Si Louis Bonaparte était mieux informé, s'il était possible de faire parvenir jusqu'à lui un conseil sévère, de l'éclairer sur le véritable état de l'opinion, de lui faire voir clair dans la pensée républicaine de ces six millions de citoyens qui l'ont porté au pouvoir, il est certain qu'on rendrait service à Louis Bonaparte et au pays. Un semblable avertissement aurait peut-être quelque chance d'être pris en considération s'il portait un cachet incontestable de sincérité et de désintéressement, s'il était signé par un homme qui pourrait s'autoriser d'un dévoûment éprouvé et de services rendus pour parler avec une sévère liberté.

Or, ces conseils, ces avertissemens, cette indication des vraies dispositions du peuple, sont dans ces pages, qui ne s'attendaient pas à voir le jour quand elles furent écrites. La signature de l'homme qui a le droit de parler librement y est aussi. Je suis du nombre des Républicains qui ont trouvé sage de ne point s'associer aux tristes divisions de leur parti le dix décembre, et qui se sont mis du côté de l'élection inévitable de Louis Bonaparte, précisément pour lui donner un caractère démocratique, tandis que les royalistes s'efforçaient de lui donner leur couleur. J'ai vu, j'ai écouté, j'ai senti, j'ai touché de la main les inspirations intimes qui ont improvisé pour ainsi dire la Présidence sur le nom de Bonaparte. Je me suis mêlé au mouvement des campagnes, et sous la forme d'une explication personnelle donnée à des amis que mon vote offensa, j'indique quel fut le véritable caractère de ce mouvement universel. J'ai parlé devant des milliers d'hommes assemblés et je leur ai tenu ce discours : « Vous voulez voter pour Bonaparte, soit. Moi j'aimerais mieux ne voter pour personne et que nous n'eussions point de président. Mais si tant est que vous teniez absolument à Bonaparte, qu'il soit du moins entendu que, répudiant de ce nom tout ce qui rappelle des erreurs funestes, vous ne le prenez que comme synonyme de gloire, d'honneur, de patriotisme, d'égalité. Les nobles viennent à vous parce qu'ils vous savent inébranlables ; qu'il soit entendu que vous votez ici non pour eux, mais contre eux, car ils assassinèrent l'empereur, et qu'en rappelant le neveu de l'exil, vous rappelez la vengeance ! Bonaparte veut dire ici : A bas les aristocrates, à bas les lâches, à bas les Jésuites, à bas les oisifs, vive la République ! Est-ce convenu ? Bonaparte veut dire que l'épée de la délivrance va recommencer ses pèlerinages à travers l'Europe, que Venise ne sera pas livrée aux Turcs, Naples à son bourreau, la Pologne à Nicolas, Rome aux Capucins et la France aux fripons ; est-ce entendu ? » Ainsi j'ai parlé, et de toutes parts les poitrines frémissantes m'ont répondu : Bravo ! J'avais touché la véritable fibre dans l'âme du peuple, j'avais fait sortir sa véritable pensée de ses entrailles. Ceux à qui je m'adressais répondaient pour six millions d'hommes. Quand ils sortaient de nos clubs, les paysans s'en allaient le long des sillons en chantant la Gloire, et s'ils rencontraient, chemin faisant, quelque hobereau ou quelque fainéant de la ville, ils criaient : Vive Bonaparte ! Cela voulait dire, pour eux, que les hobereaux et les fainéans étaient morts de ce jour-là.

Voilà ce qu'on n'a pas dit au neveu de l'empereur, et il ne sait pas qu'au moment où l'on rêve pour lui le trône de son oncle, il n'est déjà plus qu'un Bonaparte expirant, une dernière idole qui tombe du temple des illusions populaires. Il ne sait pas qu'au fond des ateliers le prolétaire, frémissant de douleur et de faim, le rend responsable de sa misère. Il ne sait pas qu'au fond de nos campagnes l'idée révolutionnaire pousse, le long des villages et des chaumières, comme les blés murs dans les champs, et que le vent qui vient du côté des plaines où Kossuth est vainqueur, peut d'un jour à l'autre faire frissonner le tocsin, des clochers du Morvan aux cimes des Pyrénées.

# LETTRE

# A UN NIVERNAIS.

—◦—

Je suis du nombre des démocrates qui ont voté pour Bonaparte aux élections du dix décembre. Ce vote m'est commun avec une infinité de républicains éminens : avec Crémieux, l'ancien ministre du gouvernement provisoire ; avec Jules Favre, naguère adopté comme candidat par les comités démocratiques de la Drôme, et envoyé à l'Assemblée législative par les montagnards de Lyon, qui n'ont, je crois, à recevoir de leçons de patriotisme de personne. J'espérais que ces simples rapprochemens suffiraient pour m'absoudre auprès des plus ombrageux. Mais il n'en est pas ainsi, à en croire les lettres qui me sont adressées.

Mon vote Bonapartiste, perfidement commenté par les uns, mal compris par les autres, ne cesse pas de donner lieu aux bruits les plus malveillans, aux suppositions les plus offensantes. Mes amis eux-mêmes me pressent de m'en expliquer catégoriquement. Ils m'assurent, comme je l'ai dit déjà quelque part, « que je ne m'appartiens pas, que les situations que j'ai traversées, la place que j'ai occupée autrefois dans la Nièvre, à la tête de l'opinion démocratique, et les suffrages qui me firent l'honneur de m'adopter aux élections de la Constituante, me condamnent malgré moi-même à la publicité. » Il semble y avoir depuis quelques jours une recrudescence de curiosité au sujet de mon vote du dix décembre. On m'interroge, on m'interpelle, les uns avec colère, les autres avec bienveillance. Voici ma réponse nette, franche, explicite, complète à toutes les questions. J'avoue qu'il m'en coûte cruellement de descendre à me justifier. J'ai placé si haut la liberté de ma conscience, que je crains de paraître l'abaisser en souffrant qu'on la discute. Cependant puisqu'on persiste, puisqu'on l'exige, puisqu'on me sollicite au nom de mon honneur, je vais parler. C'est même par cette question d'honneur que je commencerai tout de suite, et comme ce sont là choses qu'il faut traiter toujours brièvement et sévèrement, je serai sévère et bref. Un ancien a dit : « Quand l'honneur est en jeu, que vos paroles soient froides et nues comme une épée. »

Vous assurez donc qu'un aristocrate de ce pays, un petit gentillâtre du côté du Morvan, s'est vanté de m'avoir gagné, lui, à la cause de Bonaparte. Dites-lui qu'il en a menti. Si lui ou tout autre de ses pareils eût osé jamais entrer chez moi pour essayer une séduction de ce genre, il en serait sorti chassé comme un manant. Je sais de qui on veut parler; j'ai en effet rencontré ce monsieur dans un comité électoral. Je le prie de se souvenir que je ne lui ai pas même fait l'honneur d'un salut personnel. Enfant du peuple, je ne connais qu'une noblesse, celle de la probité et du talent. La noblesse de la race n'a de prix à mes yeux que pour les chevaux et pour les chiens; ce n'est donc pas à moi qu'on donnera jamais des éblouissemens aristocratiques. Je vous répète qu'on en a menti. Les motifs qui me déterminèrent à voter pour Louis Bonaparte, je les ai pris dans ma conscience, dans ma raison, dans mon dévoûment et dans mon profond respect pour la souveraine volonté du peuple; écoutez-moi :

Certes, si je devais m'attendre a être sommé d'expliquer mon vote bonapartiste quelque part, ce n'était pas, je l'avoue, devant un département qui a donné à Louis Bonaparte soixante mille suffrages. Ces soixante mille Nivernais coupables du même crime que moi, les déclare-t-on aussi traîtres à la République, complices des aristocrates, des jésuites et de l'étranger? Oh! non pas! Mes adversaires ne sont pas si malhabiles; ils disent doucereusement « que le peuple est aveugle et ignorant, qu'il a pu se tromper!.. « Mais vous, une erreur ne vous était pas permise, votre intelligence devait vous en préserver. » Voilà ce qu'on me dit, ce qu'on m'écrit; les uns de bonne foi, les autres avec une bonhomie hypocrite, mais je n'accepte pas ce perfide compliment pour moi, et je repousse cette injure pour le peuple.

Non, le peuple n'est ni aveugle ni ignorant, et il ne peut l'être, pour nous qui le proclamons chaque jour le peuple souverain. Il faut laisser aux aristocrates le privilége de l'insulter ainsi, et, quant à nous, donner au contraire l'exemple du respect qui est dû à son infaillible volonté. Trop souvent on entend des républicains répéter que le peuple est ignorant et aveugle; ils commettent une faute criminelle, car il donnent raison de la sorte aux tyrans, aux nobles, aux jésuites, qui disent à leur tour : « Vous convenez vous-même » de l'aveuglement, de l'ignorance, de la sottise du » peuple; ne vous étonnez donc pas que nous refu- » sions de nous incliner devant sa ridicule souverai- » neté. »

Ce langage des nobles et des jésuites, vous l'autorisez par vos récriminations irréfléchies. Que répondrez-vous à ceux qui, s'autorisant de vos propres doléances, viendront vous dire : « Vous convenez, vous répétez depuis 18 mois que le suffrage universel ne commet que des erreurs ou des crimes, nous allons supprimer le suffrage universel jusqu'à ce que le peuple soit mieux instruit, plus propre à exercer ses droits, plus apte à choisir ses mandataires. » Que répondriez-vous à cela? Sans doute, vous trouveriez mille réflexions excellentes, mais en apparence on aurait raison contre vous.

Non, Messieurs, non! LE PEUPLE N'EST NI AVEUGLE, NI IGNORANT, NI CRIMINEL ; LE PEUPLE NE SE TROMPE JAMAIS DANS L'EXERCICE DE SA SOUVERAINETÉ.

Et qui donc, s'il vous plaît, aurait une fois, une seule fois, le droit de s'ériger en juge du peuple ; de déclarer que le peuple s'est trompé ? Qui ? Est-ce vous, est-ce moi ? Est-ce ce journaliste, cet orateur, ce savant, cette Académie ? Alors, c'est vous, c'est moi, ce journaliste, ce savant, cette Académie qu'il faut mettre au-dessus du peuple, charger de mener, guider, commander les autres, voter tout seuls, faire la loi ! Ah ! ne voyez-vous pas que c'est par ce sophisme misérable qu'il y a toujours eu des hommes cherchant à devenir les suprêmes dominateurs ? Ne voyez-vous pas que c'est en raisonnant de la sorte qu'on en arrive à dire : Je suis plus habile, je veux être devant. Je suis plus éclairé, je veux commander. Je suis plus fort, je veux être roi, tyran, pape infaillible, je veux être maître !

Vous parlez de l'ignorance du peuple ! Mais c'est là, songez-y donc, l'éternel argument des aristocrates contre les républiques. Et c'est nous qui, les premiers, infatués de notre infaillibilité personnelle, irions proclamer avec dédain l'aveuglement populaire ! Ah ! de grâce, républicains, que notre propre orgueil ne soit pas le plus écrasant argument de nos adversaires contre l'égalité !

Je nie que le peuple ait fait acte d'ignorance et d'aveuglement en appelant Louis Bonaparte à la présidence de la République. Je nie que ce choix ait été inspiré par les royalistes. Je nie que cette élection indique une tendance à la restauration du régime impérial. Je soutiens, en présence des hontes dont la patrie gémit et des déceptions qui ont suivi nos espérances, que jamais on ne vit une élection inspirée par des sentimens plus radicalement démocratiques, que jamais le patriotisme populaire ne fit en France une plus éclatante explosion.

Bien avant le dix décembre, j'occupais dans la presse une position qui me mettait en relations permanentes avec les classes laborieuses. Quand la question de la présidence a commencé de passionner le pays, ce n'est point mes goûts, mes sympathies ou mes antipathies personnelles que j'ai consultés. J'ai consulté le peuple, j'ai sondé son bon sens toujours si sûr et si profond, j'ai fait parler son sentiment avant de faire parler le mien, j'ai mis la main sur son cœur et j'y ai senti palpiter le nom de Bonaparte. Je n'y ai trouvé ni Ledru-Rollin, que poursuit le fatal souvenir de ses défaillances au gouvernement provisoire, ni l'héroïque Raspail, trop peu connu. De ces trois noms, le peuple avait fixé ses yeux sur le plus étincelant, sur celui qui répond aux plus énergiques, aux plus inexorables antipathies nationales : les Bourbons et l'étranger! J'ai écouté les fibres que faisait tressaillir au fond des entrailles populaires ce nom de Bonaparte, profond comme la mer et grand comme le monde :

Amour de la patrie, ressentiment des vieux affronts, culte des nobles souvenirs, passion de l'égalité et de la gloire, vous m'avez répondu, vous me l'avez dit : tout ce que le peuple, depuis cinquante ans, a aimé, pleuré, vénéré, chanté, tout ce qu'il sait dès le berceau, tout ce qu'il a appris de notre histoire par les larmes des mères, par les récits des vieillards, s'appelle Bonaparte, et je me suis incliné devant la piété de ma patrie.

Dès ce moment, j'ai compris que toute lutte serait vaine; qu'on voudrait inutilement tenter d'arracher cette idolâtrie de l'âme du peuple. Ai-je eu tort, on l'a vu. Des banquets ont été faits où l'on a préconisé d'autres candidats; partout une foule de républicains connus, éprouvés, aimés du peuple, ont mis en œuvre leur éloquence, leur influence, leur autorité. La plus grande partie de la presse démocratique l'a combattu avec fureur, et le neveu de Napoléon a comparu devant le tribunal du dix décembre, couvert de plus d'injures, de mépris, de dérisions, de crachats que Jésus-Christ devant Pilate.... A quoi ont servi ces résistances, ces combats désespérés? A rendre la défaite plus humiliante et le succès plus éclatant. Louis Bonaparte est sorti de l'urne électorale par six millions cinq cent mille voix, c'est-à-dire par la plus triomphante unanimité dont un peuple ait jamais donné le spectacle au monde. Voilà quel a été le résultat.

Vous l'aviez prévu, me direz-vous. Soit, mais alors pourquoi cette lutte acharnée?

Je sais bien qu'on va me répondre héroïquement : « Pour l'honneur des principes ! »

Je pourrais vous répliquer que le premier, le plus sacré, le plus absolu de tous les principes, c'est celui de la souveraineté du peuple, et que le premier devoir de chacun, en démocratie, c'est de s'humilier devant la volonté de tous. Mais j'accepte la discussion dans toutes ses arguties. Avons-nous péché contre ce principe conventionnel, que la République bien entendue dans le sens le plus large, le plus radical du mot, est exclusive de toute présidence. J'en suis d'accord, et moi-même, dans une circulaire rendue publique, j'ai dit à côté de la page où je m'associais à l'élection bonapartiste : « On a fait une faute en stipulant la
» présidence dans la Constitution. Mieux vaudrait un
» pouvoir unique comme la Convention. Mais, puisque
» nous sommes condamnés à nommer un Président,
» j'en veux prendre un, celui qui me paraît le plus
» clairement désigné par la voix du peuple. Cela ne
» m'empêchera pas de dire, écrire et publier partout
» qu'il n'en faudrait point, et que nous devrons nous
» arranger de manière à nous en passer pour l'a-
» venir. »

Voilà ce que j'ai écrit la veille du dix décembre. Avouez que si Bonaparte couvait en ce moment des desseins impérialistes, cette déclaration de ma part, qu'il a parfaitement connue, a dû peu le flatter.

Mais ceux qui se montrent si rigides sur les principes, n'ont-ils pas eux-mêmes choisi deux candidats ? c'était bien pire à coup sûr. Nous autres, nous nous contentions au moins d'un seul, tandis que ces Messieurs, qui ne veulent pas de Présidence, nommaient deux Présidens! A cela on fait observer que Raspail et Ledru-Rollin étaient une protestation ; qu'ils avaient pris l'engagement formel de se démettre du mandat dont les aurait investis la souveraineté du peuple. En vérité, de tels raisonneurs sont-ils des hommes ou des enfans? Les plus sages, les plus sensés, les plus honnêtes, se paieront-ils éternellement de fictions, d'illusions, de chimères ou d'hypocrisies?

Il semble qu'on ait dit la chose du monde la plus simple quand on a répondu cette énormité : Ledru-Rollin et Raspail étaient une protestation contre la présidence, ils se seraient démis de leur mandat. Certes ils auraient fait là une belle équipée! Et comment s'y seraient-ils pris s'il vous plaît? Ou bien ils auraient déclaré qu'ils n'acceptaient point tes suffrages; ils auraient dit au peuple: « Reprends ton mandat, car nous ne voulons pas de ton élection ; » Et alors le peuple en vertu de la Constitution se fût assemblé pour en faire une autre. — Ou bien, ils auraient déchiré la Constitution elle-même, fait sauter par les fenêtres les constituans, converti la présidence en dictature. Est-ce là ce que vous vouliez? Oui, soyons francs : Il vous fallait plus qu'un président, il vous fallait un dictateur! Ne parlez donc point des principes !

Est-ce à dire que vous aviez tort au fond? Non. Et moi aussi je crois qu'à cette époque comme en Février la révolution ne pouvait se sauver que par là ; et, je le dirai dans toute la sincerité de ma conscience: s'il m'était apparu qu'il fût possible un moment de le faire comprendre au peuple, j'aurais souhaité de voir remettre aux mains loyales de Raspail les terribles pouvoirs de la dictature. Mais dans l'état des esprits, cela se pouvait-il, je le demande aux hommes de bonne foi. Bonaparte, que ce fût l'effet de l'ignorance ou autrement, n'avait-il pas une position telle, qu'il fallait forcément, bon gré, malgré, compter avec lui? N'était-il pas évident que tous les efforts, que toutes les résistances iraient se briser contre cette superstition populaire sourde, muette et impassible comme cette mer que Xercès flagellait pour la rendre docile?

Que faire alors? Accepter la situation puisqu'on ne pouvait la changer, et mettre tous ses efforts à en tirer le meilleur parti possible, dans l'intérêt du pays, n'était-ce pas la conduite la plus logique et la plus sage ?

C'est ce que j'ai fait, pour mon compte personnel ; c'est ce que j'aurais voulu voir faire à tous.

Je me suis dit : Bonaparte est là, comme une forteresse vide dont chacun cherche à s'emparer. La démolir est impossible, le plus sûr est d'y entrer pour s'en rendre maître.

Les légitimistes, les jésuites, gens habiles, le comprirent mieux que nous. Tout d'abord, ils sentirent bien vibrer au fond de cette élection populaire la haine sourde et immortelle du peuple contre ses oppresseurs. Ils sentirent bien qu'en réalité, le nom de Bonaparte ainsi réveillé en pleine République d'un bout à l'autre des campagnes, n'était pas autre chose qu'une foudroyante protestation contre les hontes de 1815, le milliard payé par les sueurs du paysan, les valets qui renièrent la gloire exilée, les traîtres qui vendirent la patrie, et Waterloo où le sang des morts crie vengeance. Tout d'abord ils s'aplatirent bien bas et n'eurent garde de se mettre en travers.

C'était le moment pour les républicains de se ranger promptement du côté du peuple, qui les eût vu venir à lui avec joie, de prendre en main le commandement de cette élection qu'on leur eût livrée avec transport, de s'emparer de cette unanimité populaire, de la féconder de leurs inspirations, de lui donner en un mot un tel caractère, une telle signification que les aristocrates en fussent écrasés. — Et je dirai tout à l'heure comment cela pouvait se faire. — Au lieu d'agir ainsi ils s'éloignèrent. Les nobles, les châtelains étaient effarés, ils se chargèrent de leur donner du cœur en assurant, en criant, eux les premiers, que c'était là un mouvement royaliste ; que les nobles faisaient l'élection et conduisaient le peuple comme un vil troupeau. Alors les royalistes respirèrent et les républicains leur laissant le champ libre, les encourageant, ils se précipitèrent sur l'élection bonapartiste et méditèrent déjà de s'en emparer. Ils virent bien qu'ils essaieraient vainement d'empêcher l'élan des campagnes et prirent le parti prudent de s'y associer ; ne pouvant arrêter le mouvement, ils voulurent paraître le diriger et jouèrent en effet ce rôle en apparence. En un mot, qu'ils me permettent de le leur dire, les républicains, dans cette circonstance, aidèrent les royalistes à relever la tête, à redevenir insolens, et en dernier lieu ils autorisèrent l'Europe à croire qu'en 1849, en pleine République, la France était tombée assez bas, était assez lâche, assez avilie, assez crétinisée, pour que les prêtres et les seigneurs y pussent à eux seuls et malgré les républicains faire nommer un président par six millions de voix! Se divisant eux-mêmes sur leurs candidats et contribuant à accroître l'audace de leurs adversaires par le spectacle même de leurs dissensions, ils proclamèrent les uns Ledru-Rollin, les autres Raspail, réussirent à leur gagner quelques mille suffrages et firent un moment croire à la France elle-même, qu'en 1849, après la révolution de Février, elle n'avait pas dans son sein plus de deux cent mille républicains sur trente millions d'âmes !

De là toutes les funestes conséquences sur lesquelles il faut gémir. Aussitôt que Bonaparte a été nommé président de la République, aussitôt qu'il a été installé à l'Elysée, il a dû se recueillir solennellement, interroger son élection, en sonder les tendances, étudier de quels élémens elle était composée et y chercher la règle de sa conduite politique. Alors les légitimistes sont venus à lui et ont dit :

« C'est nous qui avons fait vos élections... Ces six
» millions de voix qui sont allées vous chercher au
» fond de l'urne électorale, c'est nous qui les avons
» inspirées. On vous avait fait croire peut-être que le
» peuple était républicain en France, on vous a
» trompé. C'est nous qui avons encore le prestige,
» l'influence, l'autorité; c'est avec nous que votent
» les campagnes. Le paysan nous aime et nous suit
» et n'a jamais songé à s'affranchir de notre tutelle.
» En vain une révolution qui date à peine d'une an-
» née est venue leur apporter l'émancipation répu-
» blicaine; en vain elle a dit aux travailleurs : Vous êtes
» maîtres ! le travailleur vient de lui-même se replacer
» sous notre joug. Il le trouve léger, il y voit une pro-

» tection, un abri, et ne veut point qu'on y touche.
» Libre aujourd'hui de nous écraser par le suffrage
» universel il ne se sert de cette arme formidable que
» pour nous relever et se rattacher à nous avec plus
» de dévoûment. C'est grâce à nous, c'est par nous,
» c'est avec nous qu'il a nommé Louis Bonaparte
» aux élections présidentielles... En doutez-vous?
» Demandez-le aux républicains, interrogez leurs
» journaux, écoutez leurs doléances. Tous ils sont
» d'accord pour publier partout que se sont les légi-
» timistes qui ont fait l'élection du 10 décembre; les
» légitimistes seuls! Ce ne sont point les conservateurs
» ni les républicains du *National* qui ont voté et
» fait voter pour vous; Cavaignac était leur candidat!
» Ce ne sont point les républicains de la *Réforme*, ni
» les républicains socialistes, ils avaient pour can-
» didat les uns Raspail, les autres Ledru-Rollin! Et
» pourtant vous avez été nommé par six millions cinq
» cent mille voix, malgré les conservateurs, malgré
» les républicains modérés, malgré les républicains
» de la *Réforme*, malgré les socialistes... N'est-il pas
» clair comme le soleil que l'immense majorité du
» pays n'est point républicaine, et que vous, Louis
» Bonaparte, qui êtes appelé à gouverner selon les
» vœux et les intérêts du pays qui vous a nommé,
» vous n'avez pas à gouverner républicainement?
» Encore une fois, consultez les démocrates, ils vous
» diront que votre élection à été faite par les légiti-
» mistes avec quelques vieilles culottes de l'Empire;
» votre route est donc toute tracée, suivez-nous! »

Tel est le langage que les royalistes ont tenu à Louis Bonaparte, et en vérité, la main sur la conscience, n'est-ce pas un peu la faute des républicains? Croyez-vous que notre rôle n'eût pas été plus heureux, notre position plus belle si nous nous étions arrangés de manière à pouvoir dire à Bonaparte, nous démocrates :

« C'est nous qui vous avons nommé, et nous sommes
» six millions. Voilà notre programme, signé par six
» millions d'électeurs; voilà ce qu'attend de vous la

» démocratie. Il n'y a pas à équivoquer, la signifi-
» cation vous est faite en règle !... »

Supposez un moment qu'au lieu de nous diviser, de former des coteries impuissantes, nous nous fussions réunis tous autour de la candidature de Bonaparte; que faisant parler la véritable pensée du peuple, nous inspirant de la haine sombre et muette que ce nom de Bonaparte couve au fond de son âme contre les aristocrates, nous eussions pris la direction du mouvement, fait un programme impératif au candidat, réclamé dans ce programme :

Le remboursement du milliard,

L'abolition de l'usure,

L'organisation du crédit par l'Etat,

La résiliation des baux de fermage contractés avant Février,

L'abolition de l'impôt du sel et des boissons,

La réduction de la durée du service militaire,

L'éducation gratuite pour l'enfant du peuple;

En un mot, l'allègement de toutes les charges qui pèsent sur le travail, sur l'agriculture; la création de caisses de retraite pour les ouvriers invalides, etc., etc. Supposez que ce programme étant tiré à autant d'exemplaires qu'il y a de cantons, nous l'eussions fait signer par les électeurs au fur et à mesure qu'ils déposeraient dans l'urne leur bulletin; supposez que nous eussions fait cela, que nous eussions mis ensuite sous les yeux du président cette lettre de change tirée sur lui par le peuple, croyez-vous que Bonaparte se fût fait protester ?

C'est impossible. Il eût fallu payer bon gré mal gré. Il y a un Clichy pour les présidens comme pour les rois insolvables.

Je le soutiens de toute la force de ma conviction : Bonaparte eût été forcé de fléchir le genou sous cette pression souveraine de la volonté publique. Sur qui se fût-il appuyé pour résister ? Est-ce l'armée qui aurait prêté son secours à Bonaparte pour l'aider à s'affranchir d'un mandat imposé par six millions de voix? Est-ce l'armée qui aurait mis ses baïonnettes à son service pour lui faciliter l'escamotage d'un programme où vous auriez fait à l'armée sa large part? Non, non, croyez-le bien: si l'armée marche contre le peuple, c'est parce que le peuple ne lui apparaît que disséminé, dispersé, divisé, tiraillé lui-même aux mains de cent coteries diverses, ne se manifestant jamais avec ensemble, ne montrant nulle part sa véritable souveraineté! Mais, réussissez un moment à mettre six millions d'hommes sur pied, à leur faire exprimer solennellement la volonté nationale, et vous verrez s'abaisser les baïonnettes pour laisser passer le pays.

Or cette unanimité que je réclame, cette solennelle démonstration que j'invoque, elle s'est vue, un jour, une seule fois peut-être dans l'histoire des peuples : elle s'est vue le dix décembre. Le dix décembre vous avez eu sous la main six millions d'hommes et quels hommes! Les travailleurs : l'énergie, le patriotisme, le courage, la chair, les os et le sang de la démocratie! Ces millions de citoyens d'accord avec vous sur tous les points, républicains comme vous, plus que vous, — car ils ne peuvent pas ne pas l'être — ces millions d'hommes dévorés de l'amour de la patrie, pétris de la haine du privilége et de l'horreur de la servitude, affamés de liberté et d'égalité, prêts à mourir pour la délivrance, vous les avez repoussés!

Et pourquoi?

Parce que pour la première fois de leur vie eux, le peuple souverain, ils se sont avisés d'avoir une volonté qui n'était pas la vôtre en un certain point; parce qu'il leur a passé par la tête le caprice d'un nom que vous ne vouliez pas, parce qu'il leur a plu de mettre à la Révolution une étiquette qui n'était pas de votre goût, parce que voulant la République comme vous, de la même façon, avec les mêmes réformes, avec les mêmes pieds, les mêmes mains, la même âme, ils se sont obstinés à lui mettre sur la tête le chapeau de Bonaparte au lieu du chapeau de Ledru-Rollin ou de Raspail! Laissez moi vous le dire : Vous avez fait comme les officiers d'une armée de cent mille hommes qui au moment de la bataille, devant l'ennemi, abandonneraient tous leur poste, parce qu'ils ne seraient pas d'accord avec les soldats sur une question de pompons de shako ou de boutons de guêtre. Quant à moi, je n'estimerai pas plus que cela la question d'un président de République lorsque vous aurez comme au dix décembre, la liberté de la presse, la liberté des clubs, la liberté de discussion, la liberté de pétition et avec cela, je le répète pour la trentième fois, six millions d'hommes debout pour dicter leur volonté au Président.

Telles sont les convictions sincères, réfléchies, et qu'on me permette de le dire, profondément démocratiques, qui ont dirigé ma conduite dans l'élection du dix décembre. Autre chose est la politique que j'appellerai spéculative, autre chose est la politique pratique. La politique spéculative va droit devant elle sans tenir compte des obstacles, des circonstances, des nécessités des temps. Le temps, elle le supprime. Pénétrée du but et négligeant les moyens, elle va s'asseoir aux plus extrêmes limites de la raison humaine pour y attendre l'humanité. La politique pratique ne supprime rien, elle tient compte de tout, elle compose avec les obstacles, elle parlemente avec la nécessité, elle se fait de son époque, ne devance point l'esprit du temps, mais au contraire, le dirige, le conduit en s'efforçant de le féconder. Elle n'a point des ailes pour franchir les difficultés, mais elle y entre habilement pour s'en rendre maître, comme le Grec d'Homère dans ce cheval avec lequel Ulysse, roi d'Itaque, pénétra en un seul jour dans les remparts qui, depuis douze ans, défiaient l'armée d'Agamemnon. Cette politique-là, je le sais, paraît vulgaire aux âmes élevées; il est des hommes qui veulent d'un seul bond escalader les murailles; ils portent si haut leur fierté, qu'il leur déplaît de se baisser pour entrer par une brèche. Ce courage orgueilleux illustre son auteur, mais le plus souvent il compromet la bataille. Je le dis à la gloire de mon pays, mais au grand dommage de notre cause, ce courage est commun en France. Il nous a fait battre en cent combats; il a fait décimer les soldats de la cause démocratique dans cent batailles

mal assurées; cent fois *il a tout perdu fors l'honneur* !
C'est par lui que tant de cœurs vaillans furent frappés avant l'heure; c'est par lui que Ledru-Rollin est
en exil, Pyat loin de la tribune qu'il illustrait déjà, et
que Gambon voit enchaîner à la Conciergerie son dévoûment et son intrépidité. Moi qui ai quelque droit
de parler d'habileté et de prudence, par cela même
que j'ai souvent traité la prudence et l'habileté avec
trop de mépris et exagéré la raideur et l'énergie, je
le déclare franchement : nous avons toujours été battus parce que nous n'avons jamais su mettre l'adresse
au service de la force; il faut y songer! Au dix décembre nous avions la force, nous n'avons pas su nous en
servir, et non seulement, les républicains ont été
vaincus, mais on peut dire qu'ils ont eux-mêmes livré
volontairement la victoire à l'ennemi. Si j'avais plus
de goût pour les réminiscences classiques et moins
de confiance dans l'intelligence de ceux qui me liront,
je citerais ici l'histoire de Fabius-le-temporisateur,
celui qui de tous les généraux romains sut gagner le
plus de victoires, le plus lentement et le plus économiquement pour les finances de son pays et le sang de
ses soldats.

Maintenant j'achève ces trop longues explications.
J'ai la confiance qu'elles satisferont mes concitoyens
et mettront un terme aux commentaires de mes calomniateurs. Répondrai-je au reproche qu'on m'a fait,
d'avoir exposé quelques amis à quelques sarcasmes
imbéciles en me séparant d'eux le dix décembre? Mes
amis ont Dieu merci assez d'esprit pour faire taire les
railleurs, et ils ne m'estimeraient point si j'avais la
faiblesse de faire à leur-amour propre le sacrifice de
ma conscience. Si dans cet écrit même, qui, au premier
abord, semble une polémique dirigée contre eux, ils
rencontraient quelque mot échappé à ce *défaut d'habileté* dont je parlais tout à l'heure, ils songeront que
ces plaintes sortent d'un âme profondément blessée,
ils n'y verront que la preuve du prix que j'attache à
leur estime et à leur affection.

Mais c'est surtout à cette population laborieuse, intelligente et intrépide de mon pays adoptif qui m'a donné tant de preuves de ses sympathies, c'est aux travailleurs Nivernais que je m'adresse. Vous tous qui m'avez vu et pour ainsi dire porté sur vos bras dans les épreuves orageuses de Février, vous dont l'amitié a été la plus grande joie, le suffrage le plus grand orgueil de ma vie, c'est dans vos cœurs que je dépose ce confiant appel. Et ai-je donc besoin de tant d'explications, et les faits ne sont-ils pas là palpitans et plus éloquens que mes discours? Écoutez ceci :

Durant deux ans j'ai habité la Nièvre; durant deux ans rédacteur en chef d'un journal patriote, je suis resté sur la brèche, poursuivant les intrigans, dénonçant les traîtres, démasquant les fripons, et jusque sous les foudres des cours d'assises, glorifiant la liberté. Février arrive; nous nous levons tous. Le préfet du gouvernement provisoire, payé pour défendre la République, la livre pieds et poings liés à ses ennemis. Indigné des trahisons qui se trament, je me mets en travers pour leur barrer le chemin, seul avec vous et quelques rares amis. Pendant deux mois je vis pour ainsi dire sous le couteau des assassins et un jour, pour prix de mon dévoûment, des gendarmes viennent me détrousser à Guérigny. Je suis peut-être la première victime des fureurs réactionnaires; on me vole ma candidature et ma liberté à main armée, sur un grand chemin, et puis quand ils m'ont arraché du milieu de vous et jeté sur le pavé à la discrétion de la misère, quand un mandat de Lemoine m'a interdit de remettre les pieds sur les limites du département, quand je ne suis plus là pour me défendre, c'est mon honneur qu'ils mettent au pillage comme des bandits qui ravagent la maison d'un homme absent!

Quand je ne suis plus là, ils osent, défigurant la signification d'un de mes actes, ils osent me présenter comme leur complice, et me déshonorer en me prêtant leur cœur et leur visage! Et on les croirait! Mais alors pourquoi leurs menaces me tiennent-elles aussi obstinément éloigné? Pourquoi ai-je là sous ma main

une lettre d'un préfet de Nevers qui m'écrit qu'il ne
me répond pas de ma liberté si je rentre dans le département? Pourquoi mon nom fait-il dresser les
baïonnettes? Pourquoi, lorsque je me proposais de
me rendre, il y a un mois au comité électoral, ai-je dû
renoncer à mon voyage dans la crainte surtout que
mon apparition ne donnât le signal aux trompettes et
aux tambours?

Toutes ces variations, ces contradictions cyniques
et stupides de la haine qui me poursuit éclaireront-elles
enfin mes concitoyens Nivernais? Comprendront-ils
qu'en définitive l'homme poursuivi depuis dix-huit
mois avec cette perfidie, avec cette persévérance par
les aristocrates, n'est pas l'ami des aristocrates? Comprendront-ils que si les réactionnaires me persécu-
tent, c'est qu'ils me connaissent mieux que personne;
c'est qu'ils me savent séparé d'eux de toute la lon-
gueur que met une épée entre l'injure et la vengeance;
c'est qu'entre eux et moi il y a le sang populaire de
mes veines, mon divorce d'il y a cinq ans, nos vieilles
luttes des clubs, mon pamphlet contre le bâtard de
Froshdorf et le guet-apens du parc de Nevers!

ULYSSE PIC.

TYPOGRAPHIE ET LITHOGRAPHIE FÉLIX MALTESTE ET C<sup>ie</sup>,
Rue des Deux-Portes-Saint-Sauveur, 18.